AUTODISCIPLINA

Guía de Acción para completar lo que empezaste
y aumentar la fuerza de voluntad

(Todo lo que necesitas para cumplir tus sueños)

Zoé Velez

Publicado Por Jason Thawne

© **Zoé Velez**

Todos los derechos reservados

Autodisciplina: Guía de Acción para completar lo que empezaste y aumentar la fuerza de voluntad (Todo lo que necesitas para cumplir tus sueños)

ISBN 978-1-989891-16-2

Este documento está orientado a proporcionar información exacta y confiable con respecto al tema y asunto que trata. La publicación se vende con la idea de que el editor no esté obligado a prestar contabilidad, permitida oficialmente, u otros servicios cualificados. Si se necesita asesoramiento, legal o profesional, debería solicitar a una persona con experiencia en la profesión.

Desde una Declaración de Principios aceptada y aprobada tanto por un comité de la American Bar Association (el Colegio de Abogados de Estados Unidos) como por un comité de editores y asociaciones.

No se permite la reproducción, duplicado o transmisión de cualquier parte de este documento en cualquier medio electrónico o formato impreso. Se prohíbe de forma estricta la grabación de esta publicación así como tampoco se permite cualquier almacenamiento de este documento sin permiso escrito del editor. Todos los derechos reservados.

Se establece que la información que contiene este documento es veraz y coherente, ya que cualquier responsabilidad, en términos de falta de atención o de otro tipo, por el uso o abuso de cualquier política, proceso o dirección contenida en este documento será responsabilidad exclusiva y absoluta del lector receptor. Bajo ninguna circunstancia se hará responsable o culpable de forma legal al editor por cualquier reparación, daños o pérdida monetaria debido a la información aquí contenida, ya sea de forma directa o indirectamente.

Los respectivos autores son propietarios de todos los derechos de autor que no están en posesión del editor.

La información aquí contenida se ofrece únicamente con fines informativos y, como tal, es universal. La presentación de la información se realiza sin contrato ni ningún tipo de garantía.

Las marcas registradas utilizadas son sin ningún tipo de consentimiento y la publicación de la marca registrada es sin el permiso o respaldo del propietario de esta. Todas las marcas registradas y demás marcas incluidas en este libro son solo para fines de aclaración y son propiedad de los mismos propietarios, no están afiliadas a este documento.

TABLA DE CONTENIDO

PARTE 1 1

INTRODUCCIÓN 2

CAPÍTULO 1: ¿QUIÉN ERES REALMENTE? 6

CAPÍTULO 2: CONOCE Y CONQUISTA A TU MAYOR ENEMIGO 11

CAPÍTULO 3: SOBRE LA MOTIVACIÓN: ¿POR QUÉ TE LEVANTAS DE LA CAMA POR LA MAÑANA? 18

    ENTONCES, ¿CÓMO PUEDES MOTIVARTE? 18

CAPÍTULO 4: ¿DE QUÉ TIENES MIEDO? 24

CAPÍTULO 5: LA AUTODISCIPLINA Y LA FUERZA DE VOLUNTAD NO SON SOLO PALABRAS VACÍAS 33

    EJERCICIO 1: HACER LAS COSAS QUE TE GUSTAN 37
    EJERCICIO 2: USAR LA OTRA MANO CUANDO BEBAS 38
    EJERCICIO 3: APAGAR TU CANCIÓN FAVORITA 39

CAPÍTULO 6: ALCANZAR TUS SUEÑOS: LA MENTE DE UN CAMPEÓN 41

    SABÍA QUE SI IBA A CONVERTIRSE EN EL GOBERNANTE DEL MUNDO TENÍA QUE LUCHAR CONTRA LAS ADVERSIDADES EN MÁS DE UNA OCASIÓN ... 43

CAPÍTULO 7: EL MOMENTO DE ACTUAR ES AHORA 49

CONCLUSIÓN 54

PARTE 2 57

LO INTENTÉ, PERO SIMPLEMENTE NO SUCEDIÓ 58

CONSEJOS PARA VIVIR UN ESTILO DE VIDA MOTIVADO ... 59

    ENFOQUE REALISTA. 60
    APRENDE DE MALAS EXPERIENCIAS 61
    APRENDER A DEJAR IR 61
    SUEÑA EN GRANDE, GANA EN GRANDE 62

CONCLUSIÓN 63

Parte 1

Introducción

¿Quieres triunfar? ¿Te esfuerzas por ganar en la vida? Puesto que estás leyendo este libro, voy a asumir que la respuesta a estas preguntas es «sí». Estás leyendo esta introducción con la esperanza de que este libro tenga el poder de cambiar tu vida para mejor.

Este libro te ofrecerá grandes consejos y ejemplos prácticos de autodisciplina, motivación y fuerza de voluntad, pero en última instancia tú eres quien tendrás que tomar las medidas apropiadas y aplicarlas a tu vida. ¿Estás preparado para hacer lo que tienes que hacer, para hacer los sacrificios y asumir los riesgos?

La gente que triunfa no nace. Se hace. Puede que hayas oído esto mil veces, pero vale la pena repetirlo hasta que te des cuenta de que los ganadores que admiras no nacieron así. No se convirtieron en los campeones que son solo por el talento coon el que nacieron. Trabajaron duro para conseguir todo lo que lograron y mantuvieron la vista en el premio en todo momento.

Ganar no es fácil, porque si lo fuera, todo el mundo triunfaría. No es fácil en la guerra, no es fácil en los deportes, y ciertamente no es fácil en la vida. En este libro, trataré de explicarte las cosas que podrían estar reteniéndote e impidiendo que alcances tus metas. Te daré una guía paso a paso que puedes usar en el camino hacia el triunfo, pero para que te beneficies de las páginas siguientes necesitarás confiar en los consejos y la guía que aquí se ofrecen y tomar cartas en el asunto.

Necesitas darte cuenta de que entender un problema y hacer algo al respecto son dos cosas completamente diferentes. Puede que tengas hambre ahora mismo y seas consciente de tu hambre, pero no dejarás de tenerla hasta que te levantes de tu silla y te hagas un sándwich, ¿verdad?

La verdad es que la mayoría de nosotros ya sabemos lo que nos retiene, pero la diferencia entre la gente normal y la que verdaderamente triunfa es que la que triunfa tiene lo que hace falta para hacer algo al respecto. Aunque signifique cierto grado de incomodidad e incluso si requiere fuerza y autodisciplina.

Mantener la confianza y la motivación no es fácil cuando hay algo o alguien a la vuelta de cada esquina esperando menospreciarte. Pero repito, si fuera fácil, todo el mundo lo haría. La gente que triunfa no piensa en esos obstáculos como una restricción. Los ven como desafíos a superar en su camino hacia la victoria final. ¡Y de eso trata este libro! No te aburriré con teorías psicológicas sobre cómo funciona tu cerebro y por qué necesita «x» horas de sueño para funcionar al máximo.

Te daré pasos comprobados y fáciles de seguir para romper tu rutina y lograr la mentalidad correcta para el éxito. Aquí no habrá palabras de ánimo, así que si has venido para eso, olvídalo. Te describiré las cosas como son realmente y te desafiaré en cada paso del camino. Lo primero que necesitas en tu camino para convertirte en un triunfador es aprender a interiorizar los desafíos y mirarlos directamente a los ojos. Una vez que adoptes esa mentalidad, tendrás medio camino hecho. Muy pocas cosas son imposibles si pones tu mente y tu cuerpo en ello.

Te deseo suerte en tu viaje, pero la suerte no tiene nada que ver. Incluso otras personas tienen muy poco que ver con esto. ¡Todo está en tu mano!

Capítulo 1: ¿Quién eres realmente?

Esta pregunta aparentemente filosófica es la raíz misma del éxito en tu camino hacia el triunfo. Entiendo que es difícil de responder, pero la pregunta no es tan difícil. Es porque no te lo estás preguntando de la manera correcta.

Definirse a sí mismo puede ser difícil, pero he aquí una idea que puede ayudarte a abordar ese problema. Piensa en una persona muy cercana a ti, tu mejor amigo o amiga a quien quizás conoces desde hace años. Ahora piensa en cómo le describirías. ¿Quién es? ¿Qué le gusta, qué tipo de música escucha, le gusta salir mucho o prefiere quedarse en casa y ver un programa de televisión?

Estas preguntas aparentemente superficiales dicen mucho sobre una persona. Cuando se trata de definir a otras personas, normalmente podemos hacer un buen trabajo, siempre y cuando las conozcamos lo suficiente. Pero cuando se trata de averiguar quiénes somos, las cosas se complican.

Tómate un momento y piensa a qué se debe. ¿Hecho? Bien, ahora te diré por qué. Es porque nos encanta mentirnos a nosotros mismos. No hay nada que nos impida descubrir quiénes somos realmente. Son esos rasgos de personalidad que tenemos y que odiamos admitir. Probablemente te gusta pensar en ti mismo de la manera en que te gustaría ser, pero eso es lo que está mal.

No hay nada malo en querer ser mejor, no hay nada malo en querer triunfar, pero solo quererlo no hará nada por ti, igual que darte cuenta de que tienes hambre no te alimentará. El primer paso para convertirte en una mejor versión de ti es entender quién eres realmente, en este mismo momento.

Antes de seguir adelante, quiero que intentes responder a la pregunta del título de este capítulo. Trata de describirte de la manera en que describirías a tu amigo. Empieza poco a poco, averiguando primero las cosas más generales sobre ti. ¿Cuáles son las cosas y lugares en tu vida que realmente te gustan? ¿Quiénes son las

personas que te rodean y por quién te preocupas? ¿Qué cosas te molestan más?
- ¿Qué lugares le gusta visitar?
- ¿Qué tipo de comida te gusta comer?
- ¿Cuál es tu música favorita?
- ¿De qué clase de gente te rodeas?
- ¿Qué es lo que más te molesta de ti mismo?

Puedes escribirlo todo en un papel si quieres, pero es necesario que lo hagas. Mientras seas honesto contigo mismo, las cosas de las que te des cuenta no desaparecerán. Después de todo, las has sabido desde hace mucho tiempo pero nunca te has tomado el tiempo para pensar en ellas.

Una vez que termines, me gustaría que pasaras a la parte más difícil, y eso es averiguar todas las cosas sobre ti que más te molestan. Así es, ¿sabes que a tu amigo siempre le gusta hablar cuando vas al cine y eso te molesta? Bueno, ahora es el momento de echar un buen vistazo a tu interior y pensar en todo lo que no te gusta o incluso odias.

Este es un paso muy importante porque te

ayudará a superar todos los pasos que siguen. Y por esa misma razón, podría ser el más difícil.

Estoy segura de que hay muchas cosas de tu personalidad que te molestan muchísimo. ¿Te preguntas que cómo lo sé? Porque estás leyendo este libro. Si no fuera así, no necesitarías ninguno de los consejos contenidos aquí. ¡Ya serías un triunfador!

Si esta actitud te parece ofensiva, permíteme que te remita a la introducción. No voy a darte palabras de ánimo ni a pintarte las cosas de color de rosa. Lo primero que necesitas para cambiar tu vida es aprender y ser honesto contigo mismo.

Olvídate de todos los demás. Lo que pienses de ellos y lo que ellos piensen de ti no es realmente importante para lo que estamos hablando. Se trata de cuando te sientas en tu habitación o te miras al espejo mientras te afeitas por la mañana y piensas «un día más que tengo que pasar».

¡Esa no es la actitud de un ganador! No te

estoy culpando, yo también he pasado por eso, pero si quieres ganar en la vida, ese tipo de actitud no te dará una medalla de oro. O ninguna medalla, de hecho.

Por esa misma razón, quiero que pienses en todas esas cosas que te molestan. No quieres simplemente dejar pasar la vida, quieres vivir la vida que te mereces. Estoy segura de que has pensado esto miles de veces: «Me merezco algo mejor». Y aquí tienes una pequeña charla para animarte: sí, en efecto. Pero nadie lo va a hacer por ti. ¡Tienes que arriesgarte e ir a por ello!

Tómate tu tiempo antes de pasar al siguiente capítulo. No hay prisa. De todas formas, las cosas no cambiarán de la noche a la mañana. Piensa en todo lo que he mencionado aquí antes de seguir adelante. Descubre quién eres y quién quieres ser. ¿Quién es esa persona que te gustaría ser? Las páginas que siguen te ayudarán a convertirte en esa persona.

Capítulo 2: Conoce y conquista a tu mayor enemigo

Si te preguntara ahora mismo cuál es tu mayor enemigo, el mayor obstáculo para tu éxito, ¿cuál sería tu respuesta? He conocido a muchas personas que culpan de sus fracasos a sus padres, compañeros de trabajo, personas que se supone que son sus amigos, etc. No voy a decirte que estos son factores irrelevantes porque eso no sería cierto. Pero aparte de todos ellos, **tú eres el mayor obstáculo para tu propio éxito en la vida..**

Hasta cierto punto, la vida simplemente no es justa. Se te exige que hagas cosas a diario que una parte de ti preferiría no hacer. Esta parte de tu personalidad tiene miedo de que quedarse atrapada en una rutina, sumirse en ella y finalmente perder su libertad e individualidad. La peor parte de toda la historia es que este otro «tú» no está completamente equivocado, algo de ello es cierto y no tardas mucho en convencerte de que es mejor estar relajado y mirando la televisión que haciendo algo productivo.

El problema es que con esa actitud nunca llegarás a triunfar. Por otra parte, tampoco puedes arrancar una parte de tu personalidad y librarte de ella. Es mucho más complicado.

- Una parte de ti no quiere crecer.
- Tiene miedo de perder su libertad.
- Odia las actividades que no te hacen feliz.
- Hará todo lo que esté en su mano para evitar que triunfes.
- Esta parte de ti no es malvada, lo que pasa es que no quiere salir de su zona de confort.

Esta parte de tu personalidad eres básicamente tú de niño, pero mientras una parte crecía, la otra no. Tu alter ego, si quieres llamarlo así, no se preocupa por el éxito y tiene muy pocas ambiciones. Quiere cosas muy simples, y es feliz con ellas. Y te tienta ceder ante él.

Este otro «tú» no es mala gente, pero hará todo lo posible para impedir que alcances una verdadera autodisciplina y te comprometas con tus metas. ¿Por qué?

Porque cuanto más triunfes, menos tiempo pasarás en actividades que te harán perder el tiempo y de las que se alimenta.

Ya he mencionado antes que **no debes preocuparte por la negatividad de los demás** si quieres avanzar en la vida. Ahora, ignorar a los demás puede ser relativamente fácil a medida que construyes tu autoestima y te orientas hacia los objetivos. Sin embargo, lidiar con el pesimismo y otros tipos de pensamientos desagradables que vienen de tu interior es mucho más difícil. Y puedes estar seguro de que tu otro yo te atacará con todo esto mientras luchas por tener éxito.

Por esta misma razón, tienes que aprender a **ser positivo en todas tus batallas** y mantener la vista en tu objetivo en todo momento. Suena más fácil de lo que es, lo sé, pero es necesario si quieres tener éxito. Nadie espera que te dehagas de una parte de ti mismo que ha estado contigo durante tanto tiempo, pero tienes que aprender a decirle que se calle. Con esas mismas palabras. Incluso en voz alta, si es necesario (solo tienes que asegurarte de estar solo en la habitación).

Sí, puedes tener una discusión en voz alta contigo mismo. De hecho, es un gran ejercicio para fortalecer tu autoestima. Soy consciente de que lo que estoy sugiriendo te puede sonar un poco locura, pero repito que tienes que empezar a hacer las cosas de forma diferente, así que esto es una forma fácil de empezar. ¿Recuerdas que te pedí que confiaras en mí al principio? Pues adelante, hazlo.

La parte «traviesa» de ti sigue concentrándose en lo malo, lo negativo y lo difícil. Sigue diciéndote que no puedes tener éxito porque lo que estás haciendo no es lo suficientemente bueno, no es perfecto, así que es mejor que lo dejes. Pero tú ya sabías antes de empezar a hacer algo que no iba a ser perfecto. Aun así, seguiste adelante y lo hiciste de todos modos porque quieres ser alguien que hace cosas, no alguien que pone excusas.

- Ten una discusión en voz alta contigo mismo.

- Concéntrate en lo positivo.
- Ten en cuenta lo negativo, pero piensa en cómo puedes mejorar las cosas.
- No dejes que el fracaso te detenga. Si fallas, inténtalo de nuevo hasta que lo consigas

No te dejes caer en el pozo de desesperación donde reconoces el fracaso y te rindes. En vez de eso, verbaliza todo lo que has hecho bien. Verbaliza también las cosas en las que te has quedado corto y averigua cómo puedes mejorarlas. No caigas en la trampa del derrotismo.

Todo lo que haces en la vida, lo haces por una razón. Espero que te hayas tomado un tiempo después del Capítulo 1 y que hayas entendido las cosas de las que he hablado. Si lo has hecho, ahora tienes una idea de lo que estás tratando de lograr, y eso es realmente importante.

Esa voz en tu cabeza, ese otro «tú» que te dice que lo que estás haciendo no tiene sentido y no vale la pena, te está mintiendo, simple y llanamente. Te está mintiendo porque no quiere salir de su zona de confort.

Déjame intentar darte un claro ejemplo con el que probablemente podrás identificarte. ¿Alguna vez tu jefe te ha pedido que hagas algo que sabes que va a agotar tu energía? Si has formado parte de una plantilla durante muchos años, lo más probable es que te haya pasado esto más de una vez. ¿Cuántas veces has intentado dejar de hacerlo explicando que no vale la pena el esfuerzo porque la empresa no se beneficiará de ello? Sabías muy bien que eso era una mentira, o al menos no tenías ni idea de si ayudaría a la compañía a ganar dinero o no, solo querías escapar de la desagradable tarea.. Por supuesto, en el trabajo, estos intentos suelen ser en vano, ya que el jefe te diría que lo hicieras.

Eres tu propio jefe, y tienes que empezar a comportarte como tal. Cuando empiezan a surgir las sospechas y la negatividad, y esa vocecita empieza a decirte que lo que estás haciendo no vale tu tiempo, oblígala a obedecerte. **Verbaliza las razones de tus acciones** y convierte tus pensamientos en palabras. Mientras hablas, tu convicción se hará más fuerte y el otro «tú» se volverá más y más silencioso.

De nuevo, esto no significa matar esa parte de tu personalidad completamente. No quiero que pienses que eso es lo que tienes que hacer. Puede ser muy útil en muchas partes de su vida y estimular tu creatividad. Solo asegúrate de hacerle saber cuál es su lugar y que no se convierta en el enemigo que te retiene.

Para resumir este capítulo, cuando tengas dudas sobre lo que estás haciendo o cuando dudes de tu éxito, siéntate y habla contigo mismo. Pon tus pensamientos en palabras y explica todo en voz alta. No te preocupes. La gente no pensará que estás loco, e incluso si alguien lo hace, lo impartante no son ellos. Es tu vida.

Capítulo 3: Sobre la motivación: ¿por qué te levantas de la cama por la mañana?

En el capítulo anterior, discutimos cómo puedes afrontar las dudas y las trampas que el otro «tú» pone en tu camino hacia el triunfo. Sin embargo, todas estas técnicas no valen mucho si careces de la motivación adecuada para empezar. Si no tienes una pasión real y una razón para hacer lo que estás haciendo, nada te salvará de darte por vencido.

Entonces, ¿cómo puedes motivarte?

En su mayor parte es trabajo duro. No voy a decirte que dejes tu trabajo y hagas algo que realmente te guste. Ese no es un consejo real; es solo una charla vacía. La mayoría de nosotros no podemos permitirnos hacer eso. Incluso otras cosas importantes en la vida, como comer adecuadamente y hacer ejercicio con regularidad, pueden convertirse en una carga rápidamente a menos que encuentres una manera de motivarte.

Los campeones se convierten en

campeones porque pueden encontrar una motivación incluso para aquellas cosas que odian hacer. Estoy segura de que todos estamos de acuerdo en que a nadie le gusta levantarse a las cinco de la mañana para empezar a entrenar y renunciar a muchos dulces para estar listo para el próximo partido. Pero para los campeones, no hay otra alternativa. O lo haces bien o no ganas. Y no eres un triunfador si no ganas, ¿verdad?

Las cosas son un poco más difíciles para nosotros, meros mortales, lo reconozco. Tal vez no te criaron para ser un triunfador, o tu espíritu se desinfla en algún momento en el camino. La vida es así y a veces te quedas rezagado preguntándote si puedes lograrlo. La respuesta es sí, puedes, si realmente quieres.

Las palabras por sí solas no bastan. Incluso una decisión firme de cambiar las cosas no es suficiente para la mayoría de la gente. Probablemente necesitarás más para motivarte y mantenerte en el camino correcto.

- Hazte un contrato contigo mismo.

- Estipula las cosas que quieres lograr.
- Cada vez que rompas el contrato, dona dinero a una organización benéfica.
- Hazte responsable de tus acciones y tus fracasos.

Un simple ejercicio ha demostrado ser bastante efectivo a lo largo de los años, y es hacer un simulacro de contrato contigo mismo. En este contrato, anotarás las condiciones de lo que quieres lograr, cómo quieres lograrlo y cuáles son las penalidades por romper cualquiera de las condiciones del contrato. Estas penalizaciones tienen que ser algo real, algo tangible, para que puedas sentir realmente las consecuencias si rompes tu contrato.

Una buena manera de hacerlo es decidir **donar una cierta cantidad de dinero a una organización benéfica** cada vez que te opongas a tus condiciones. Probablemente no debería ser tu causa favorita ya que eso hará que romper el contrato sea más fácil. Después de todo, si donas el dinero a algo que te apasiona no te sentirás tan mal. Encuentra una buena caridad, pero que no sea la primera que te venga a la mente.

Probablemente te estés preguntando cómo te va a ayudar esto a cumplir las promesas que te has hecho a ti mismo, especialmente si el dinero que estás donando no juega un papel tan importante. Pero no se trata del dinero o de castigarte a ti mismo; se trata de responsabilidad.

Cuando no tienes un plan claro y conciso para tus acciones, romperlo se vuelve muy fácil.. Incluso puedes engañarte a ti mismo creyendo que no has hecho nada malo, que todo va de acuerdo con el plan. Una vez que pongas las cosas por escrito y hagas una promesa oficial, incluso si es solo a ti mismo, cambiará tu forma de ver las cosas. Serás más consciente y más responsable de tus acciones o de la falta de ellas. Saber que estás rompiendo una promesa real, no una imaginaria, será una gran fuerza impulsora en tu vida, empujándote hacia adelante y convirtiéndote en un verdadero triunfador. Sí, incluso los ganadores necesitan motivación, no hacen las cosas solo porque sí. Su motivación puede ser diferente, pero es importante empezar por algún lado.

Sé que te gustaría que te diera los puntos exactos que tu contrato deberá tener, pero desafortunadamente, no puedo hacer eso. No es que no quiera hacerlo, es solo que cada persona es diferente y las cosas que necesita cambiar en su vida son muy distintas. Algunos necesitan más ejercicio mientras que otros necesitan socializar más y también hay quienes necesitan pasar más tiempo trabajando y produciendo resultados.

Una vez más volvemos al capítulo 1 y a definir quién eres. No puedes empezar a cambiar tu vida sin reconocer tu posición en este momento. Sería fácil darte una lista de ejemplos de clichés: hacer más ejercicio, salir más, reír más, etc., pero la verdad es que no funcionará para todos.

Si sientes que te falta el aspecto social de tu vida, entonces por supuesto incluye un punto en tu contrato para salir con amigos o conocidos por lo menos dos veces a la semana. Si sabes que podrías lograr más en el trabajo, pero no lo haces porque lo pospones demasiado, ponlo. Y luego, al final de cada día, echa un vistazo a tu contrato y pregúntate honestamente si has hecho todo lo que ha podido para cumplir tus promesas. Una vez más, la honestidad es la clave. No te mientas a ti mismo si realmente estás comprometido a cambiar tu vida. **En lugar de pretender ser la persona que quieres ser, empieza a hacer cosas para convertirte en esa persona y hacerte responsable de todo lo que haces o no haces.**

Ir por la vida sintiendo que cada día es solo otro período de 24 horas que necesitas atravesar no es la mentalidad de un triunfador. Necesitas estar motivado para hacer las cosas que amas e incluso las que odias. Para dar los primeros pasos, haz un contrato contigo mismo, ponlo por escrito, fírmalo y hazte responsable si rompes cualquier promesa que hayas hecho!

Capítulo 4: ¿De qué tienes miedo?

Probablemente pienses que voy a hablar de tus mayores temores en este capítulo y de cómo deberías enfrentarlos si quieres convertirte en un ganador. Solo tienes parte de razón, pero hay algo que quiero dejar claro primero.

¿Tienes miedo del éxito? Esta es la pregunta crucial que debes responder por ti mismo. Mucha gente dice que quiere triunfar, pero solo unos pocos lo consiguen. ¿Por qué crees que es así? Es porque la mayoría de nosotros simplemente tenemos miedo de alcanzar las estrellas.

Sé lo que estás pensando ahora mismo: esta persona no tiene ni idea de lo que está hablando. Por supuesto, no tienes miedo de triunfar, eso es lo que siempre has querido. Tu sueño es convertirte en un ganador en la vida. Y sin embargo aquí estás, tan lejos de tu meta que estás empezando a preguntarte si alguna vez se hará realidad.

La cosa es la siguiente: **el miedo al éxito**

no es tan extraño. Viene de nuestra humildad y de nuestro deseo profundamente arraigado de no ser diferentes de otras personas que nos rodean. Haciendo esos movimientos, subiendo esas escaleras hasta la cima, estás haciendo una declaración fuerte y clara de que has decidido ser diferente, mejor que el promedio.

El problema es que probablemente estás rodeado de un número de personas comunes y corrientes, algunos de ellos son tus amigos, tus parientes, las personas que te importan y te sientes incómodo dejando de pertenecer al grupo. Tienes miedo de que esto pueda aislarte de ellos y que si logras tus metas, puede que no valga la pena porque estarás solo.

- El miedo al éxito es natural.
- Tienes miedo de que el éxito te aleje de las personas que te importan.
- A medida que cambies tu vida, probablemente perderás algunas conexiones.
- Conquistar estos miedos y preocupaciones requiere mucho

trabajo.

La fría realidad es que **algunas personas se distanciarán** a medida que empieces a dar un giro a tu vida. Te dirán que te has vuelto diferente y que ya no eres la misma persona que solías ser. Y no estarán equivocados, pero su visión sobre tu cambio es lo que está equivocado. En lugar de verlo como algo positivo, tratarán de convencerte de que te ha convertido en una peor persona. Puede que sea difícil, pero no debes hacerles caso. Al igual que los otros «tú» de los capítulos anteriores, estas personas no quieren que cambies porque el cambio no encaja bien en su zona de confort. Quizás solías estar con ellos todo el tiempo, sin hacer nada productivo, y ahora que estás tratando de cambiar tu vida, ven que te estás alejando.

No te preocupes. Las personas que se preocupan por ti se quedarán y verán tu cambio como lo que realmente es. Aquellos que no se queden, probablemente no son tan importantes en su vida de todos modos.

Lo que quiero decir es que, aunque nunca

lo hayas pensado, es probable que en el fondo tengas miedo de convertirte en un ganador. No deberías tenerlo, y no puedes tenerlo si esperas tener éxito en tus esfuerzos. ¿Crees que un campeón de boxeo no tiene miedo de recibir un puñetazo en la cara cada vez que sube al ring? Por supuesto que lo tiene, está en nuestra naturaleza humana. Pero la mentalidad de un triunfador va más allá de estos sentimientos y emociones primarios: sabes que hay un propósito y una razón en todo lo que estás haciendo y el miedo desaparece.

Por supuesto, vencer un miedo tan arraigado requiere algo más que decir «tienes razón, eso es lo que necesito hacer.» Una vez más, es un proceso que requiere que comiences a hacer cosas que te saquen de tu zona de confort y que enfrentes esos pequeños miedos y preocupaciones que constantemente penden sobre tu cabeza.

Casi todos teníamos miedo de la oscuridad cuando éramos niños. Claro, había algunas excepciones, pero en general, la oscuridad es uno de los mayores temores de la infancia que tuvimos. A medida que nos hacemos mayores y maduramos, hemos llegado a comprender que la oscuridad era simplemente una ausencia de luz y que no había nada siniestro escondido dentro de ella y esperando para atraparnos. Hemos madurado.

El miedo a la oscuridad es relativamente fácil de superar porque las razones detrás de ese miedo son injustificadas, todo estaba en nuestra imaginación. Por eso no se necesita la mentalidad de un triunfador para superarlo. Sin embargo, **nuestros miedos de los adultos son mucho más complicados que eso,** ya que por lo general tienen algunos fundamentos y a menudo se basan en malas experiencias del pasado. He prometido no hablar demasiado sobre el cerebro o la ciencia en este libro, pero es porque nuestro cerebro funciona de una manera que marca estas situaciones desagradables y cada vez que se repiten, empezamos a sentir incomodidad y miedo. Conquistar eso requiere mucho más que solo agitar la

mano y decir «no hay nadie ahí fuera que esté tratando de atraparme».
- Tienes que hacerte cargo de tu imaginación.
- En lugar de imaginar lo peor, comienza a imaginar los mejores resultados posibles.
- Entrena tu cerebro para ver las cosas bajo una luz positiva.

Necesitas reunir el coraje y empezar a enfrentarte a estos miedos y mirarlos a los ojos suficientes veces para hacer que tu cerebro ya no tenga miedo. ¿Es fácil? No, claro que no, pero nadie dijo que triunfar fuera fácil. Cada día es un reto, necesitas motivación, necesitas coraje, pero al final, la única forma de ganar es jugar. **Nadie recuerda a la gente que pasaron sus carreras calentando banquillo.**

El mayor problema con estos miedos de los adultos es que nuestro cerebro tiende a exagerarlos. Por ejemplo, si tienes miedo de acercarte a una chica en el bar porque te han rechazado unas cuantas veces, tu cerebro probablemente empezará a imaginar que la siguiente no solo te rechazará, sino que lo hará de forma que te humille delante de todos los presentes. O algo aún peor. Aunque sabes que esto no es probable que suceda, sigues escuchando esa pequeña voz interior, preguntándote qué pasa si sucede.

La parte crucial de superar estos miedos es controlar tu imaginación. Un buen ejercicio para hacer esto no requiere ningún objeto especial. Cuando estés a punto de entrar en la situación que temes, primero respira profundamente unas cuantas veces hasta que tu respiración esté tranquila. Entonces, imagínate en esta terrible situación, pero que todo va como tú quieres. Imagínatelo. Deja que tu cerebro disfrute de la escena. Dirige tus pensamientos hacia los beneficios del resultado positivo en lugar de temer lo peor.

Al hacer esto regularmente, aunque no actúes en consecuencia las primeras veces, finalmente empezarás a cambiar la manera en que piensas acerca de las cosas y situaciones que más temes. Así como necesitas tomar el mando del otro «tú», también necesitas tomar el mando de tu imaginación. Haz que funcione a tu favor, no en tu contra. Estoy segura de que has escuchado a los grandes campeones hablar de cómo visualizan la victoria antes de enfrentarse a un partido. Este es un gran refuerzo de confianza, y de hecho, aumentará tus posibilidades de éxito sin importar lo que estés haciendo.

Con la práctica, finalmente estarás listo para dar el primer paso y hablar con la chica que le gusta o entrar en la oficina de tu gerente y pedir ese aumento que sabes que te mereces. Y comenzarás a darte cuenta de que tus miedos te estaban reteniendo sin razón alguna. Al igual que con la oscuridad, no había nada que temer, ya que el 90 % era sólo tu imaginación jugando contigo.

Si quieres convertirte en un ganador, no puedes permitirte tener miedo del éxito. En palabras de un personaje clásico de la tele, «el que se atreve, gana». No dejes que tu imaginación se desborde y domine tu vida. Hazte cargo y haz que funcione para ti. Visualiza el éxito incluso en las situaciones más aterradoras y pronto verás que las cosas empiezan a cambiar. Ve tras las cosas que crees que te harán feliz, o las cosas que sabes que mereces. **No dejes que otros o tus miedos irrazonables te detengan en tu camino hacia la cima.**

Capítulo 5: La autodisciplina y la fuerza de voluntad no son solo palabras vacías

Estoy segura de que has oído hablar de Esparta y de la historia de la disciplina espartana, pero ¿sabes lo que realmente implicaba esta historia? Sacaban a los niños de sus hogares a la tierna edad de siete años y los alojaban en dormitorios con otros niños. A partir de ese momento, comenzaba su entrenamiento para convertirse en soldados. Se les enseñaban diferentes habilidades de lucha, pero lo más importante era la importancia de la disciplina.

Su entrenamiento era verdaderamente riguroso, pero los espartanos creían que la única manera de convertir a un niño en hombre era a través del orden y la disciplina. Sus maestros y entrenadores les contaban historias de grandes guerreros y sus logros para preparar sus cuerpos y mentes para la grandeza. No todos ellos se convertían en campeones, pero a todos los entrenaban de una manera que les permitía enfrentarse a las dificultades y no temer nada. Incluso la muerte no era motivo de preocupación, siempre y cuando fuera una muerte honorable.

No estoy tratando de decir que deberías adoptar maneras espartanas, por supuesto. Simplemente estoy tratando de señalar que eran toda una **próspera civilización basada en principios de autodisciplina**, y que tenían una fuerte fuerza de voluntad individual. Aunque todos los soldados servían al estado, tenían que ser individualmente muy fuertes para soportar todos los desafíos en numerosas batallas que cada espartano tenía que soportar durante su vida.

Cuando la gente habla de autodisciplina, lo hace parecer muy fácil. Solo necesitas controlar tus propias acciones. No puede ser tan difícil, ¿a que no? La realidad es que probablemente es lo más difícil y el mayor desafío al que cualquiera puede enfrentar. ¿Realmente eres bueno controlando tus acciones?

He aquí otro ejemplo con el que muchos de vosotros podéis identificaros. ¿Con qué frecuencia decides ver otro episodio de su programa de televisión favorito aunque sabes que hay trabajo por hacer? Sabes que no deberías, pero aun así lo haces. Y es algo tan fácil: solo tienes que hacer clic en esa pequeña «x» en la esquina superior derecha y volver al trabajo

Incluso ese pequeño desafío requiere una cantidad significativa de fuerza de voluntad.. No hace falta ser un genio o un filósofo para entender por qué: ver tu programa favorito es agradable, trabajar es, en su mayor parte, desagradable. Y también lo es el ejercicio si solo se mira el lado físico.

Otro ejemplo muy cercano es cuando alguien te dice algo en confianza. Te lo contaron porque confían en ti y creen que puedes ayudar, aunque solo sea escuchándolos, pero no quieren que pases su secreto más allá. Sin embargo, qué difícil que es mantener la boca cerrada cuando estás con tus otros amigos y la historia es demasiado interesante como para no contarla. ¿Con qué frecuencia terminas contándolo?

Ahora, no todos nosotros sufrimos de

todos estos síntomas, porque si alguien lo hiciera sería casi imposible de arreglar. Pero la mayoría de nosotros tenemos unos pocos y no la suficiente fuerza de voluntad y autodisciplina para deshacernos de ellos.

Déjame decirte algo que los triunfadores ya saben: **la fuerza de voluntad no es un talento, es una habilidad adquirida a través del trabajo duro y los sacrificios..** Puedes tener alguna predisposición natural que te hará más fácil dominar esta habilidad en particular, pero no aparecerá por sí sola.

La autodisciplina solo se puede lograr y mantener una vez que se ha fortalecido la fuerza de voluntad. Significa centrarse en hacer lo que hay que hacer o dejar hábitos que sabes que son malos para ti. La autodisciplina es seguir siendo paciente incluso cuando la situación parece requerir una reacción explosiva.

Pero supongo que ya sabes la mayor parte de esto. ¿Lo que te preguntas es cómo llegar a conseguirla? Lo repetiré de nuevo, porque es muy importante que este pensamiento se adentre profundamente en tu cerebro, no es fácil. De hecho, es muy difícil, y si vas realizar todo este proceso pensando que simplemente pasar ileso por él, tienes otra cosa que aprender.

Sin embargo, por muy difícil que sea, vale la pena el esfuerzo. Los beneficios de estos rasgos te ayudarán a llegar muy lejos en todos los aspectos de tu vida. Desecharás la pereza y la procrastinación; será mucho más fácil pasar de los pensamientos y las palabras a las acciones. Combinado con las técnicas anteriores, tus miedos ya no te detendrán. Estarás en camino de convertirte en un verdadero ganador.

Ya que estos dos son realmente importantes para tu desarrollo personal, te daré algunos ejercicios sencillos que te ayudarán a llegar lejos.

Ejercicio 1: hacer las cosas que te gustan

Empecemos con algo que debería ser fácil porque es agradable. Hay ciertas cosas que te gustaría hacer, pero las has estado prolongando por un tiempo y no las haces tan a menudo como te gustaría. ¿Te gusta comer un bistec de vez en cuando pero nunca terminas yendo a tu restaurante favorito y realmente disfrutando de uno? Ya está bien. Asegúrate de ir una vez a la semana o cada dos semanas y de no saltártelo nunca. Ya no es tu elección, ahora es tu obligación, lo que también te hace feliz. Por supuesto, también puede ser una visita al cine o cualquier otra cosa que siempre quieras hacer pero siempre encuentras alguna razón para no hacerlo.

Hace mal tiempo, estás cansado, la semana ha sido larga... son solo excusas. Basta de excusas. Necesitas hacer cosas que te hagan feliz e incluso hacer estas cosas a menudo requiere mucha fuerza de voluntad. Así que comienza tu viaje con este ejercicio, ya que debería ser relativamente fácil de hacer.

Ejercicio 2: usar la otra mano cuando bebas

Aunque parece algo trivial, inténtalo durante una semana. Si eres diestro, a partir de este momento (o el que tú decidas) durante los próximos siete días, sostén siempre tu vaso o taza con la mano izquierda.

Te sorprenderá cuánta fuerza de voluntad y autodisciplina requiere hacerlo, especialmente si eres un poco torpe con tu otra mano. Habiendo usado tu mano derecha para agarrar un vaso toda tu vida, instintivamente lo alcanzarás con tu mano derecha. Se necesitará mucho autocontrol para evitar hacerlo y usar la mano izquierda en su lugar.

Este ejercicio también te ayudará a lidiar con la incomodidad de una nueva situación, que es otra habilidad crucial que necesitas dominar. Sí, al principio serás un poco torpe usando la mano izquierda, pero muchas situaciones en la vida te exigirán soportar un cierto nivel de incomodidad, y esto te enseñará a afrontar los retos en vez de evitarlos y buscar un camino más fácil.

Ejercicio 3: apagar tu canción favorita

Probablemente tienes una canción favorita que te gusta escuchar mientras trabajas o cuando te relajas. Te la sabes de memoria y cada palabra parece hablarte directamente.

Bueno, este ejercicio requiere que detengas la canción a mitad de camino y hagas una pausa durante unos minutos. Lo mejor sería hacerlo justo antes de tu parte favorita, la que más disfrutas.

Por supuesto, no serás feliz haciendo esto, pero por esa misma razón, este es un excelente y sin embargo muy simple ejercicio de fuerza de voluntad. Hazlo tan a menudo como puedas y tu autodisciplina mejorará gradualmente.

Capítulo 6: Alcanzar tus sueños: la mente de un campeón

¿Te atreves a soñar a lo grande? ¿Eres capaz de imaginar y lograr cosas que parecen estar fuera de tu alcance? ¿Puedes visualizarte a ti mismo de pie en la cima con todos tus sueños cumplidos y todas tus esperanzas realizadas?

Probablemente pienses que deberías limitar tus sueños y fijar tus metas a un nivel bajo, para que sean más fáciles de lograr, pero ese no es el enfoque correcto. Los ganadores no tienen miedo de alcanzar lo imposible y tratar de hacer lo que nadie ha hecho antes.

¿Recuerdas a Alejandro Magno? Por supuesto que sí. Todo el mundo lo conoce porque no tenía miedo de intentar conquistar el mundo, literalmente. Ya era el gobernante de un imperio macedonio fuerte y para mucha gente esto sería más que suficiente, pero no para Alejandro. ¿Por qué gobernar un país si puedes gobernar el mundo?

Inició una batalla tras otra, sin descansar y

sin desesperarse. No las ganó todas, ni siquiera ganó todas las guerras, pero incluso ante la derrota, Alejandro permaneció tranquilo y fuerte. Se atrevió a soñar a lo grande, y sabía que los grandes sueños implicarían grandes problemas en el camino. Aunque no terminó conquistando el mundo entero, extendió su reinado sobre un muchas naciones fuertes y derrotó a numerosos ejércitos que se interponían en su camino. Hasta el día en que murió, Alejandro Magno nunca se rindió. **Durante todas las dificultades y todas las batallas, nunca dudó de sí mismo.**.

Hubo momentos en su vida en que sus generales y consejeros trataron de decirle que lo estaba yendo demasiado lejos, que debía dar la vuelta y detenerse, pero no los escuchó. Aunque el consejo era a veces prudente, **Alejandro** sabía que si iba a convertirse en el gobernante del mundo tenía que luchar contra las adversidades en más de una ocasión.

Así es como uno se convierte en un verdadero campeón: desafiando las probabilidades e ignorando a los que te rodean diciéndote que lo que quieres lograr no se puede hacer. Estas voces negativas hablan basándose en experiencias de las que han oído hablar, no en las suyas propias. Si algo no se ha hecho antes o si pocas personas lo han intentado y han fracasado, no significa que no se pueda hacer. Solo significa que probablemente no se esforzaron lo suficiente.

¿Crees que Alejandro sería tan famoso y estaría glorificado como lo está hoy si escuchara a sus generales de mente estrecha? Tal vez hubiera vivido más tiempo, pero quería vivir su vida de la manera en que él la imaginaba, no de la manera en que otros querían planearla para él.

Así que te pregunto de nuevo, ¿te atreves a soñar a lo grande? ¿O eres de los que se dicen a sí mismos y a los demás que «eso» no se puede hacer? Lo pregunto porque no hay nada imposible en la mente de un campeón. Solo hay obstáculos que hay que derrotar para alcanzar tu meta, y ningún obstáculo es infranqueable. Algunos requieren más esfuerzo que otros, pero al final, mientras sigas estando comprometido, llegarás a tu destino. O morirás en el intento.

- No tengas miedo de soñar a lo grande.
- Los verdaderos campeones van contra viento y marea.
- Mira las dificultades a los ojos en lugar de encontrar maneras de evitarlas.

No hay nada malo en vivir tu vida día a día. La mayoría de la gente lo hace, y no son necesariamente infelices. Encuentran pequeños momentos de felicidad aquí y allá, y eso es suficiente para mantenerlos a flote. Si vives tu vida de esta manera, no lo estás haciendo mal, pero tampoco estás alcanzando tu objetivo.

Ya que estás leyendo este libro,

probablemente no estés muy contento con tu situación en la vida. Sientes que puedes hacer más, pero todos a tu alrededor, e incluso ese otro «tú», sigue diciéndote que debes quedarte donde estás y moviéndote por la vida lentamente. Mantente seguro en tu burbuja y evitarás problemas.

Los campeones no tienen miedo de los problemas y las dificultades; disfrutan enfrentándose a ellos. Los disfrutan porque los desafíos hacen sus vidas más interesantes y dignas de ser vividas. Los verdaderos héroes nacen de las dificultades.

Otro nombre del que todos hemos oído es el de Bruce Lee. Él no se propuso conquistar el mundo ni nada tan grandioso, pero sigue siendo un gran ejemplo de cómo la fuerza de voluntad y la autodisciplina pueden ayudarte a salir adelante en la vida.

Muchos de nosotros admirábamos las habilidades y elegancia de Bruce, pero esas habilidades no le llegaron de la noche a la mañana. Tuvo que trabajar duro y superar muchas dificultades y desafíos para llegar a ese punto. Creció en Hong Kong y a menudo fue objeto de burlas por parte de estudiantes británicos en su escuela debido a su origen chino. En un momento dado se unió a una pandilla callejera, y su vida no iba por buen camino.

Sin embargo, después de unirse a una escuela de Kung Fu de renombre, Lee encontró los medios para controlar su vida. Se dedicó a perfeccionar sus habilidades, a entrenar por la noche y a filmar películas durante el día para mantenerse a sí mismo. Para escapar de las malas influencias, se mudó a San Francisco para intentar crear su propia suerte. Aunque solo tenía 100 dólares a su nombre cuando subió al barco desde Hong Kong, estaba decidido a triunfar..

Esperaba que Hollywood le ayudara a crear la vida que quería, pero Lee tampoco abandonó la educación y se graduó en filosofía en la Universidad de Seattle. Hablaba chino, inglés y japonés.

Esta es una verdadera historia de éxito nacida de la autodisciplina y la fuerza de voluntad. Había muchas salidas más fáciles para Lee. No tuvo que pasar por todas estas dificultades, pero quería tener éxito en la vida a su manera. Aunque no conquistó el mundo, al igual que Alejandro, Bruce Lee tomó el destino en sus propias manos y luchó contra las adversidades. Mucha gente fue a los Estados Unidos en busca de felicidad y de una nueva vida, y la mayoría de ellos fracasaron. Él no lo hizo.

Nadie espera que planees dominar el mundo, pero necesitas tener grandes sueños en la vida para ser realmente feliz. ¿Sabes eso que dicen de que la felicidad está en las cosas pequeñas? Es solo un dicho que te impide soñar a lo grande. Por supuesto, están esos pequeños detalles en tu vida que te hacen sonreír, pero para que toda tu vida sea verdaderamente plena y significativa, necesitas tener metas difíciles de alcanzar.

Más que ninguna otra cosa, la audacia de perseguir cosas en las que otros ni siquiera se atreven a pensar, distingue a los triunfadores del resto del público. Rompen las normas y doblan las reglas; se aventuran más allá de lo que está al alcance inmediato. Y si quieres ser un ganador, tienes que hacerlo también.

Recuerda, no hay nada realmente imposible. Puede ser difícil o difícil, pero hay muy pocas cosas que realmente sean imposibles de lograr. No tengas miedo de fijarte metas más altas que las del resto de tu entorno. Eso es lo que hacen los campeones. Toma las riendas de tu vida y ve tras esos sueños descabellados. Prepárate para las dificultades a lo largo de tu camino y utiliza todas las técnicas que aquí se mencionan para resolverlas. Lo más importante es no rendirse nunca. Te golpearán, derrotarán, tal vez incluso te humillen a veces, pero pase lo que pase, nunca aceptes firmar la rendición. ¡Establece unos objetivos ambiciosos, sigue tus sueños y lucha por ellos con todo lo que tienes!

Capítulo 7: El momento de actuar es ahora

Todo de lo que hablo en este libro se reduce a una palabra: acción. Estarás tentado a, una vez más, posponerlo todo para otro momento. Quieres convertirte en un ganador, seguro, pero no es el momento adecuado en tu vida. Si esta es la forma en que abordas este desafío, entonces nunca será el momento adecuado para ti. Las cosas nunca se alinearán de manera tan perfecta que puedas expresar cómodamente tu transformación. ¡Necesitas actuar ahora!

Si quieres cambiar tu vida y lograr la mentalidad de un campeón, la postergación y el miedo son tus peores enemigos. Necesitas deshacerte de ellos inmediatamente y pasar a la acción.

En este punto, deberías haberte dado cuenta de algo sobre ti mismo, tus mayores temores y qué tipo de obstáculos puedes esperar encontrar a lo largo del camino. Ahora es el momento de crear un plan de acción completo e iniciar la fase de implementación.

Adelante, crea la lista de cosas que quieres lograr. Comienza con tu gran sueño pero luego define muchas metas más pequeñas que te ayudarán a lo largo del camino. Asegúrate de incluir algunos puntos sobre tu felicidad. Como traté de explicar antes, es muy importante hacer las cosas que te hacen feliz ya que te ayudarán a mantener tu fuerza y motivación para esas tareas menos placenteras que tendrás que soportar.

Para empezar, ni siquiera tienes que crear una lista grande y completa. Puedes empezar con una lista diaria o semanal y tratar de alcanzar tantas metas como te propongas. A lo largo del camino, recuerda practicar tu autodisciplina y fortalecer tu fuerza de voluntad.

Al principio será difícil, pero a medida que avances, las cosas serán más fáciles. Tachar cosas de tu lista se convertirá en parte de tu rutina diaria, y comenzarás a notar resultados en tu vida. No solo serás más feliz contigo mismo, sino que también empezarás a lograr más cosas.

No te voy a decir la vieja frase «el cielo es el límite», pero en realidad, cuando te dedicas a cambiar tu vida y convertirte en un triunfador, muy pocas cosas están fuera de tu alcance.

A medida que avances, tu lista será más completa. Llegarás a la etapa en la que te sentirás listo para ir a por ese gran sueño, y sabrás qué pasos tienes que dar para alcanzarlo. Este es el momento para el que se han estado preparando, pero también es cuando comienza tu mayor lucha.

Aunque hayas practicado la autodisciplina y hayas fortalecido significativamente tu fuerza de voluntad, nuevos desafíos amenazarán con quebrarla. Por eso, siempre hay que seguir practicando para mantenerse en forma. Al igual que cualquier otra cosa, la autodisciplina se debilitará lentamente y al final desaparecerá por completo si no se mantiene y aprecia regularmente.

No te dejes llevar por la mentalidad de creer que has aprendido todo lo que necesitabas aprender y que ahora estás listo para enfrentarte al mundo. Esa es la trampa más grande y peligrosa en la que puedes caer. Si no practicas con regularidad, pronto volverás a tus viejos hábitos, la postergación volverá a entrar en tu vida, y ese otro «tú» empezará a salirse con la suya una vez más.

Los verdaderos triunfadores nunca dejan de entrenar. De hecho, cuando están en su mejor forma, es cuando entrenan más duro. Permanecer en la cima a menudo requiere más fuerza y fuerza de voluntad que llegar allí. Siempre recuerda eso. Los desafíos y las dudas no desaparecerán a medida que te acerques a tu meta. De hecho, vendrán a ti más fuertes que nunca. Solo si mantienes la mentalidad correcta serás capaz de enfrentarte a ellos. Mientras seas capaz de centrarte en lo correcto y seguir recordándote a ti mismo que siempre debes seguir trabajando en tu autodisciplina, seguirás ganando una batalla tras otra. Pero si te relajas y empiezas a holgazanear, todo tu buen trabajo puede perderse rápidamente.

En resumen:
- Empieza a tomar el control de tu vida

ahora mismo; no esperes a un momento mejor.
- Haz frente los problemas a medida que surgen y verás cómo las cosas empiezan a cambiar para mejor para ti.
- Sigue recordándote a ti mismo que la autodisciplina y la fuerza de voluntad siempre deben entrenarse y alimentarse.
- ¡Nunca abandones tus sueños y nunca te rindas!

Conclusión

Gracias por tomarte el tiempo para leer este libro sobre la autodisciplina de un campeón. Sinceramente espero que las ideas, ejercicios y consejos que contiene te ayuden a dar un giro a tu vida y comenzar tu viaje para convertirte en una persona diferente que no tenga miedo de soñar a lo grande y alcanzar sus sueños a pesar de todas las dificultades y desafíos.

Te insto una vez más a que tengas en cuenta que todos los consejos del mundo no te ayudarán a menos que estés dispuesto a actuar en consecuencia. Quizás algunas partes de este libro te han parecido duras o injustas, pero así es también la vida. Simplemente quería darte un incentivo para que dejaras de esperar un cambio y, en su lugar, hicieras algo al respecto.

Si has prestado atención mientras leías, probablemente te has dado cuenta de que hay muchas cosas y personas en tu vida que se interponen entre tú y tus sueños. No son necesariamente malas, pero la mayoría de nosotros estamos confinados por las normas y creencias que existen en nuestros cerebros y que nos impiden romper esas cadenas y seguir adelante.

Si hay algo que me gustaría que te tomaras en serio, es dejar de dudar y empezar a hacer. Tal vez fracases, de hecho, fracasarás más a menudo de lo que no lo harás, pero las experiencias que obtengas con tus fracasos serán valiosísimas. No te desanimes por la derrota. Es parte del logro de tus objetivos. Esos pequeños contratiempos nunca deben impedir que persigas tus sueños.

Hay muchos libros que tratan de este tema, pero yo quería que este fuera personal y sobre ti, el lector. Igual que el cambio en tu vida depende de ti. Si a veces te sientes incómodo, eso no es malo. Si quieres convertirte en un triunfador, simplemente tendrás que aprender a salir de tu zona de comfort y lidiar con cosas que podrías estar evitando hasta ahora.

Recuerda que los triunfadores son capaces de aceptar las críticas y ver sus acciones como lo que realmente son. Los errores ocurren y las cosas no siempre salen según el plan, pero siempre hay que seguir luchando y asumir responsabilidades. No intentes huir y esconderte de quien eres. En vez de eso, sigue trabajando para convertirte en quien quieres ser hasta que alcances tu meta.

En los próximos días, me gustaría que empezaras a aplicar las técnicas y ejercicios de este libro y empezaras a dar los primeros pasos en tu camino para convertirte en un triunfador. Tienes la capacidad de triunfar. Lo sé porque estás interesado en el éxito y quieres convertirte en un ganador.

Parte 2

Lo intenté, pero simplemente no sucedió

Bueno, muchas personas creen que intentarlo es tan bueno como motivar, pero eso no es cierto. Por ejemplo, hay muchos fumadores que quieren dejar de fumar y pueden haber estado intentando todo lo posible.

La vida para dejar de fumar, pero siguen fumando. Por otro lado, hay otro racimo.

que ya ha dejado de fumar y que ahora son no fumadores. Tratar no es lo mismo con motivación porque intentarlo define una acción que aún está incompleta. Estos fumadores no están motivados para dejar de fumar porque no valoran su vida. Por otra parte, los fumadores que valoran su vida entienden la importancia de su vida y son motivados a trabajar por una mejor salud y toman una decisión consciente para dejar de fumar.

Fumando y lo han hecho. Lo mismo se aplica a aquellos que quieren perder peso, algunos

Lo intentamos durante años sin resultados y algunos ya han logrado sus objetivos. Asi que, intentarlo no es motivación en absoluto.

Consejos para vivir un estilo de vida motivado

Como todos sabemos, la vida nunca es igual. Todos pasamos por la vida luchas y logros y eso es lo que hace que la vida sea interesante. Vivir un estilo de vida motivado es algo bueno porqueno importa lo que la vida te sirva, estás decidido a continuar tu viaje hacia adelante y asegúrate de que nunca apartes tus ojos de tus metas. La gente responde a situaciones difíciles diferente y es esta respuesta la que cambia su vida por completo. Algunos son más determinados como nunca antes y algunos se dan por vencidos y entran en una depresión que aún más impacta la calidad de su vida. Entonces, ¿cómo te aseguras de estar viviendo una vida motivada?

¿estilo de vida? Aquí hay algunos consejos que pueden ofrecerle alguna orientación.

Enfoque realista.

La vida puede ser dura e implacable. Podrías sufrir consecuencias cuando cometes errores. Bueno, no hay nada de malo en eso porque todos cometemos errores y todos sufrimos. Sin embargo, lo más importante es que seamos realistas y entendamos nuestras limitaciones de lo que podemos hacer y lo que no podemos. Debes reconocer que hay problemas en tu vida y los enfrentarás. Cuando huyes de tus problemas, tus miedos y preocupaciones aumentan y se vuelven más grandes de lo que anticipabas. Cuando tiene un enfoque realista, se enfoca solo en sus problemas. En su mayoría, la gente culpa a los demás por sus frustraciones, fracasos, inseguridades y decepciones que solo llevan a la ira y la negatividad. En lugar de jugar al juego de la culpa, concéntrese en cuál es el problema y cómo puede resolverlo e incluya a otros en él también en lugar de alejarlos. Cuando eres realista, tu mente es fuerte y ves respuestas a tus problemas.

Aprende de malas experiencias

Cuando estás motivado, haces uso de todo lo que tienes en la vida, incluso de las malas experiencias. Las personas exitosas siempre aprenden de sus errores porque los errores y las fallas son pasos de piedra para su éxito. Cuando está motivado, no le asusta correr riesgos y se enfoca en el objetivo final, no en el fracaso. Cuando falla, puede sentirse decepcionado, pero en lugar de sentirse frustrado y arrepentirse de sus movimientos, necesita aprender de sus malas experiencias y asegurarse de no repetir el mismo error. De esta manera usted se mejora y avanza hacia el logro de su objetivo.

Aprender a dejar ir

Cuando planeas vivir un estilo de vida motivado, debes centrarte en dejar ir las cosas negativas de la vida. Cuando retienes demasiado enojo, rencor y tentación no puedes avanzar porque la carga de todo esto es demasiado pesada y no te deja avanzar. Perdona a las personas que no pueden ver tu objetivo o tu talento o habilidades y mantén la conciencia limpia porque lastimar a alguien solo hará que te sientas mal más adelante. Enfócate en tu objetivo y sigue moviéndote.

Sueña en grande, gana en grande

Eres lo que sueñas y si tienes sueños tienes que asegurarte de traducir esos sueños en realidad. Para esto necesitarás trabajar duro y hacer que las cosas sucedan de la manera que quieras. Por supuesto, no todas las cosas sucederán de la manera que usted desea, pero usted aprende de sus errores y fallas y continúa. Eventualmente, tendrás éxito porque estás motivado para lograr tus sueños. Párate frente al espejo y considérate un ganador, no una decepción. Cuando te veas a ti mismo como un ganador, soñarás en grande, ganarás en grande y lograrás todo lo que te propongas.

Conclusión

Desarrollar la autodisciplina es fundamental para una vida exitosa, satisfactoria y feliz, y no hay alternativa a ella. Debe asegurarse de controlar sus pensamientos, palabras y acciones para que puedan traducirse en situaciones y ayudarlo a progresar en la vida. También necesita tener un gran autocontrol sobre la forma en que toma la vida tal como le llega cada día y, en lugar de sentirse atraído por la tentación, debe permanecer concentrado y motivado, lo que puede ayudarlo a llevar una vida exitosa.

Por encima de todo, recuerda disfrutar de la vida. La disciplina está destinada a ayudarnos a vivir una vida más feliz y más satisfactoria con el poco tiempo que se nos da.

www.ingramcontent.com/pod-product-compliance
Lightning Source LLC
LaVergne TN
LVHW020435080526
838202LV00055B/5193